Steine bemalen Kids

Du hast ein tolles Set mit Steinen, Stiften, Pompons und Wackelaugen. Damit können wir schöne, bunte Steine machen. Du kannst sie sammeln oder verschenken – manche machen sich einen Spaß draus, die bemalten Steine in der Natur zu verstecken, damit sie jemand finden und sich darüber freuen kann. Und wenn du schon draußen bist, kannst du dir neue Steine suchen, um auch sie zu bemalen.

In diesem Buch sind viele verschiedene Anleitungen für dich. Du brauchst für einige davon zusätzlich zu den Materialien im Set auch noch eine Schere und Klebstoff. Wenn du Wolle, Pailletten oder bunten Pfeifendraht hast, kannst du dir auch diese Sachen zurechtlegen.

Jeder Stein ist einzigartig und wenn du ein paar Steine bemalt hast, kommen dir sicher noch eigene Ideen. Kombiniere deine Materialien und Farben und probiere gerne auch deine eigenen Einfälle aus.

Viel Spaß dabei!

Ludmila Blum

Inhaltsverzeichnis

16

22

19

24

20

26

Steine statt Leinwand

Der richtige Stein

Über die Beschaffenheit, Herkunft und Entstehung von Steinen gibt es eine ganze Wissenschaft – die Petrologie. Mit dieser musst du dich aber nicht befassen, um den richtigen Stein für dein Projekt zu finden. Zu rau sollte er nicht sein, wenn du ihn mit Stiften bemalen möchtest. Alles andere ergibt sich von selbst – schließlich hängt es von deiner Kreativität und deinen Ideen ab, ob du mit ein paar kleinen, schwarzen Steinchen ebenso viel anfangen kannst, wie mit einem großen, weißen Hinkelstein.

Je nachdem, wo du lebst oder wohin du deine Ausflüge unternimmst, wirst du mehr oder weniger geeignete Steine finden. Gehe mit offenen Augen spazieren und trage einen Beutel bei dir – hübsche Steine können einem ganz unerwartet zu Füßen liegen. Ich habe auf der Suche nach meinem Objekt der Begierde schon die schönsten weißen Steine gesehen – genau in der richtigen Form und Größe, aber leider in einem gut gepflegten Vorgarten unter einem Ahornbaum. Da nützt leider auch der Beutel nichts. Hier musst du deine Spaziergänge auf unbewohnte Gefilde ausweiten.

Die gesammelten Steine solltest du zuerst gründlich waschen und bürsten. Nach dem Trocknen riecht der ein oder andere Flussstein womöglich noch etwas unangenehm, doch nach dem Bemalen sollte sich das Problem erledigt haben.

Egal welche Farbe, Form und Größe dein Stein hat, wir können sicher etwas Schönes damit gestalten.

Steinunikate modellieren

Du kannst deine Steine aus Modelliermasse auch selbst herstellen. Zugegeben, die Steinnachbildungen sind so leicht, dass man den Unterschied sofort bemerkt, sobald man sie in die Hand nimmt. Als Schmuckstück erfüllen sie jedoch ihren Zweck.

Was du brauchst

Modelliermassen gibt es in unterschiedlichen Ausprägungen. Praktisch sind solche, die an der Luft trocknen, aber für Eilige gibt es auch solche, die im Backofen verfestigt werden. Beides gibt es in weißer oder grauer Farbe. Sie sind meist gebrauchsfertig in einer luftdichten Folie verpackt.

Wie es geht

Um möglichst viele Steine aus einer Packung modellieren zu können, habe ich die größeren Steine hohl geformt. Wenn es dir ausreicht, dass die Steine nur von oben betrachtet realistisch aussehen, kannst du auf diese Art ein paar Steine mehr mit der dir zur Verfügung stehenden Masse formen. Sobald jedoch jemand deinen vermeintlichen Stein in die Hand nimmt, fliegt der Schwindel auf. Das wird dir aber ohnehin mit selbst gemachten Steinen passieren. Sie sind nämlich deutlich leichter als ihre Jahrhunderte alten Kameraden.

Für einen hohlen Stein formst du zuerst eine Platte. Drücke dazu ein Stück der Masse zwischen den Handflächen platt und versuche, die Oberfläche möglichst ohne Risse oder sichtbare Verbindungsstellen zu gestalten. Schon jetzt solltest du diese „Platte" entsprechend der gewünschten Steinform modellieren, nur etwas größer. Anschließend biegst du den Außenrand deiner Platte so um, dass eine Art Schüssel entsteht. Richtig herum auf den Tisch gelegt, solltest du nicht unter den Stein sehen können.

Damit dein Modell in der Trocknungszeit nicht allzu sehr in sich zusammenfällt, kannst du ein zerknülltes Küchentuch oder anderes Füllmaterial drunter legen.

Fertig! Du kannst nun direkt auf deinem getrockneten Stein malen oder ihn im Vorfeld grundieren.

Alle Modelle auf einen Blick

BUNTER REGENBOGEN

WAS DU BRAUCHST: STEIN, STIFTE IN BLAU, ROT, GRÜN UND ORANGE

Lass uns mit einem einfachen Motiv starten. Schnapp dir die bunten Stifte und einen Stein. Gleich geht's los!

1 Male einen großen Bogen, der viel Platz auf deinem Stein einnimmt. Beginne mit einer langen Linie für die Form. Male die Linie dann schön dick.

2 Wiederhole die dicke Linie mit anderen Farben, sodass ein Bogen an den anderen grenzt. Versuche dabei, bereits vorhandene Bögen nicht zu übermalen.

3 Wenn du mit den Bögen fertig bist, kannst du in die Mitte ein Herz, einen Stern oder beispielsweise den Anfangsbuchstaben deines Vornamens malen.

Drumherum ist vielleicht noch Platz für ein paar Strahlen oder Punkte – verziere deinen Stein so, wie du magst.

TIPP

Am Ende eines Regenbogens befindet sich ein Schatz – so zumindest heißt es in vielen Geschichten. Vielleicht magst du dort ein paar kleine, gelbe Pompons aufkleben?

GLÜCKSKÄFER

WAS DU BRAUCHST: STEIN, STIFTE IN ROT UND SCHWARZ, WACKELAUGEN

Wusstest du, dass Marienkäfer mit sieben Punkten Glück bringen sollen? Aber ganz egal, wie viele Punkte du malst, wenn du deinen Käferstein jemandem schenkst, wird er oder sie sich bestimmt darüber freuen!

1 Male zuerst den Stein rot an. Den Bereich für den Kopf kannst du aussparen.

2 Jetzt kannst du den Kopf schwarz ausmalen und eine Linie in der Mitte quer über den Körper ziehen. So schenkst du deinem Marienkäfer seine Flügel.

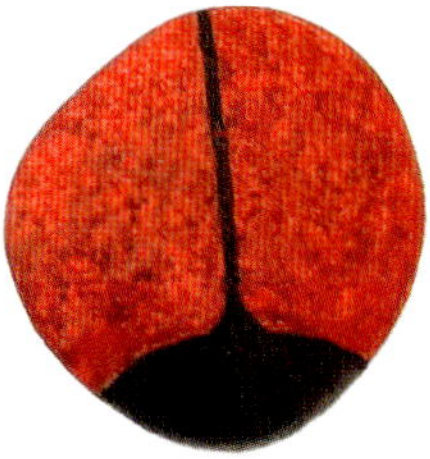

3 Natürlich dürfen die Punkte nicht fehlen. Beim echten Marienkäfer sind sie symmetrisch und in etwa gleich groß. Du als KünstlerIn darfst es aber anders machen als die Natur. Vielleicht hat dein Käfer viele kleine Herzchen anstelle von Punkten?

4 Zuletzt klebst du die Wackelaugen auf den schwarzen Kopf. Dein Käfer ist fertig und fliegt dir bestimmt nicht weg!

TIPP

Erfinde eigene Käfer in bunten Farben! Punkte, Streifen, Herzen, Sterne – du kannst kreativ sein und ausprobieren, was es in der Natur nicht gibt! Wenn du möchtest, kannst du die Form mit Bleistift auf dem Stein vorzeichnen. Für noch mehr Abwechslung kannst du deinen Käfern Beinchen und Fühler aufmalen oder mit Pfeifendraht aufkleben.

Schöne Blüten

WAS DU BRAUCHST: STEIN, STIFT IN BLAU, POMPON IN GELB, KLEBSTOFF

Blumen können ganz unterschiedliche Farben und Formen haben. Ich zeige dir eine Variante, mit der du gleichmäßige Blütenblätter malen kannst. Du kannst sie aber auch frei Hand malen. Auch Blumen mit unterschiedlichen Blütenblättern sind schön!

1 Markiere erst die Mitte des Steins mit einem Punkt.

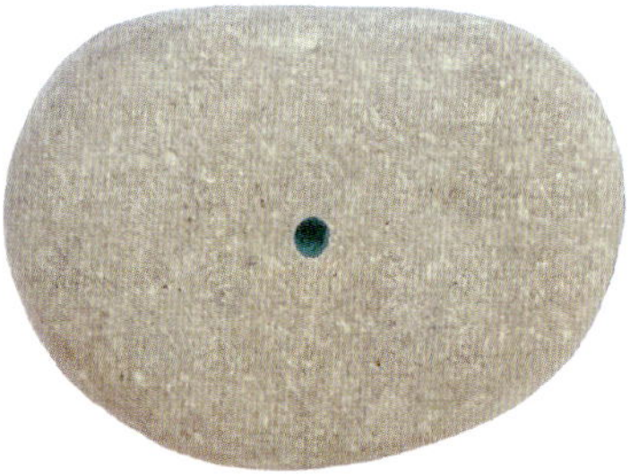

2 Zeichen dann je zwei Linien nah beieinander von deinem Punkt aus nach außen. Lass aber viel Platz zum Rand des Steins!

3 Jetzt verbindest du je zwei weit entfernte Linien mit einem Bogen. Wenn du mit allen Bögen fertig bist, erkennst du sicher deine Blüte.

4 Die Blütenblätter kannst du ausmalen oder mit einem Muster füllen. Auf meiner Blüte habe ich ganz viele kleine Bögen nebeneinander gemalt. Vielleicht hast du noch eine andere Idee?

5 Zum Schluss suchst du dir einen Pompon aus, den du in die Mitte der Blüte kleben willst. Nimm den Pompon zwischen zwei Finger und streiche ihn über einen Klebstoff. Jetzt kannst du ihn aufkleben.

Wenn du noch Platz hast, kannst du kleine Blätter oder Punkte neben die Blüte malen.

TIPP

Mit der dünnen Spitze des schwarzen Stifts kannst du auch nachträglich Muster und Umrandungen malen.

Lustige Gesichter

WAS DU BRAUCHST: STEIN, STIFTE IN SCHWARZ UND GRÜN, WACKELAUGEN

Lass uns deine Steine zum Leben erwecken! Ob dein Gesicht frech, lustig oder grummelig aussieht, hängt davon ab, welchen Ausdruck Mund und Augenbrauen bekommen. Schiefe Zähne, eine herausgestreckte Zunge oder ein lachender Mund, was gefällt dir am besten?

1 Fangen wir also direkt mit dem Mund an. Male mit dem schwarzen Stift einen großen Bogen, aber lass darüber ausreichend Platz für die Augen. Du kannst die Wackelaugen dazu auf den Stein legen, ohne sie festzukleben. So kannst du sehen, wie viel Platz du für das freche Mundwerk zur Verfügung hast.

2 Male deinen Stein an. Du musst nicht bei einer Farbe bleiben, sondern kannst auch rote Bäckchen, Sommersprossen oder Haare malen. Ich habe die Zähne frei gelassen, damit die Farbe des Steins zu sehen ist.

3 Klebe zum Schluss die Wackelaugen auf. Dafür brauchst du nur die Papierrückseite abzuziehen, wie bei einem Aufkleber. Die Augen können ganz dicht beieinander sein oder etwas Abstand haben. Lege sie zur Probe vorher aufs Gesicht und merke dir die Position, bevor du sie andrückst.

WELCHE LUSTIGEN GESICHTER MALST DU?

TIPP

Wenn du alle Wackelaugen verbraucht hast, kannst du natürlich auch eigene Augen aufmalen. Du kannst bei diesen Gesichtern abgucken und die Augen, Münder und Brauen durcheinandermischen. So entsteht jedes Mal ein neues Gesicht!

Familienbande

WAS DU BRAUCHST: STEIN, STIFT IN SCHWARZ, POMPON IN SCHWARZ, SCHERE, KLEBSTOFF

Wenn du einen Pompon in der Mitte durchschneidest, kannst du ihn mit den Fingern ein bisschen zerrupfen. So erhältst du tolles Material für Haare oder einen Bart.

1 Male zuerst ein Gesicht mit viel Platz für einen Schnurrbart. Wenn du möchtest, kannst du den Stein vorher anmalen und Wackelaugen benutzen. Meinen Herren habe ich aber nur mit der feinen Spitze des schwarzen Stiftes gemalt.

2 Jetzt kannst du einen Pompon in der Mitte durchschneiden und zu einer Rolle formen. Streiche sie über den Klebstoff und fixiere sie unter der Nase.

Beim Kopfhaar ist es einfacher den Stein mit Klebstoff einzustreichen. Drücke die Fussel auf den mit Klebstoff beschmierten Stein, bis dein Herr genug Haare auf dem Kopf hat.

Bei der Dame kannst du ganz ähnlich vorgehen. Statt des Schnurrbarts bekommt sie schöne, große Lippen aus einem roten oder pinken Pompon. Wenn du Halbkugeln, Dekosteinchen oder Pailletten hast, kannst die diese als Schmuck verwenden.

TIPP

Statt Pompons kannst du auch Wolle verwenden. Streiche für die Haare den Stein dort mit Klebstoff ein, wo die Haare hingehören. Dann drückst du den Wollfaden in Runden auf den Stein, bis der Kopf bedeckt ist. Übrigens: Auch der Mund besteht aus einem kleinen Stückchen Wollgarn!

Aus dem Meer

In der Unterwasserwelt leben bunte Tiere – Kraken, Fische und Quallen zum Beispiel. Nimm einen Stein in die Hand, drehe ihn in verschiedene Richtungen und denke an Lebewesen im Meer. Passt ein großes Ungetüm oder ein zierliches Wesen besser zu deinem Stein?

Krake

WAS DU BRAUCHST: STEIN, STIFTE IN HELLGRÜN UND GRÜN, WACKELAUGEN

1 Für den Kraken sollte dein Stein nicht zu klein sein, denn die vielen Arme brauchen ihren Platz. Male den Körper in Hellgrün und füge ihm so viele Tentakel hinzu, wie du magst.

2 Mit dem zweiten Stift in Grün kannst du noch ein Muster auf den Kraken malen. Probiere aber vorher auf einem Blatt Papier oder der Rückseite deines Steins aus, wie die Farben zusammen aussehen.
Ich habe zuerst die Kreise vorgemalt, die hell bleiben sollen. Dann ist es einfach, den Rest des Körpers noch einmal nachzumalen.

3 Die Wackelaugen meines Krakens habe ich auf den Rand des Körpers geklebt. So sieht es aus, als würden die Glubschaugen aus dem Körper hervortreten. Nach dem Aufkleben kannst du die Kontur der Wackelaugen noch mit dem Stift und mit einem blauen Stift ein paar Blubberblasen als Deko aufmalen.

TIPP

Probiere auch andere Farbkombinationen aus. Wichtig ist, dass du zuerst eine helle Farbe nimmst, bevor du die Muster mit einer dunklen Farbe aufmalst.

Kleiner Fisch

WAS DU BRAUCHST: STEIN, STIFTE IN BLAU UND SCHWARZ, WACKELAUGE, POMPON IN ROT, KLEBSTOFF

1 Für den Fisch kannst du dir einen kleinen oder einen großen Stein aussuchen. Male ihn komplett an – einfarbig oder bunt mit Flecken oder Streifen.

2 Male dann einen großen Bogen für den Kopf. Auf den Körper kommen die Schuppen. Setze einfach einen kleinen Bogen neben den anderen, so entsteht das Muster wie von selbst.

3 Klebe ein Wackelauge in die freie Fläche. Unser Fisch schwimmt seitlich, deswegen sieht man nur ein Auge.

4 Für den Mund zerschneidest du einen Pompon in zwei Hälften und rollst diese zwischen den Fingern. Klebe dann die beiden Röllchen an die Spitze deines Fischkopfs.

Bommelmützen

WAS DU BRAUCHST: STEIN, STIFTE IN BLAU, ROT, GRÜN UND SCHWARZ, POMPON, KLEBSTOFF

Hast du eine Bommelmütze? Wenn ja, dann ist sie vielleicht rot oder blau, gestreift oder gemustert. Bommelmützen können riesengroß, bunt gestrickt oder mit Glitzer und Strasssteinen verziert sein. Aber eins haben sie alle gemeinsam: den Bommel obendrauf!

1 Mein kleiner Bommelmützenstein soll frech die Zunge rausstrecken. Oder will er bloß ein paar Schneeflocken damit auffangen? Ganz egal, die Zunge und der Rand der Bommelmütze müssen weit genug auseinander sein, damit die Wackelaugen noch dazwischen passen. Lege sie probehalber auf den Stein, bevor du beginnst.

2 Um die Zunge herum kommt ein lachender Mund und die Mütze setzt sich nach oben in Streifen fort.

3 Jetzt ist es Zeit für den Bommel und die Wackelaugen. Klebe einen Pompon auf das obere Ende des Steins und die beiden Wackelaugen über den Mund.

4 Wenn du möchtest, kannst du ein paar Haare unter der Mütze hervorschauen lassen.

TIPP

Aus einem weißen Pompon lässt sich noch mehr machen! Schneide deine Pompons in der Mitte durch und klebe die Hälften dicht an dicht, um einen Bart, Haare oder Pelzbesatz zu gestalten. Wenn du noch mehr Bastelmaterial zu Hause hast, experimentiere damit!

Tiere aus dem Wald

WAS DU BRAUCHST: STEIN, STIFTE IN BRAUN UND SCHWARZ, POMPON IN ROT, WACKELAUGEN, KLEBSTOFF

Das Rentier kannst du Schritt für Schritt nachmalen – das klappt, wenn über dem Kopf genug Platz für sein Geweih ist. Wenn du dir mit den Formen unsicher bist, kannst du die Umrisse aber auch mit Bleistift auf dem Stein vorzeichnen.

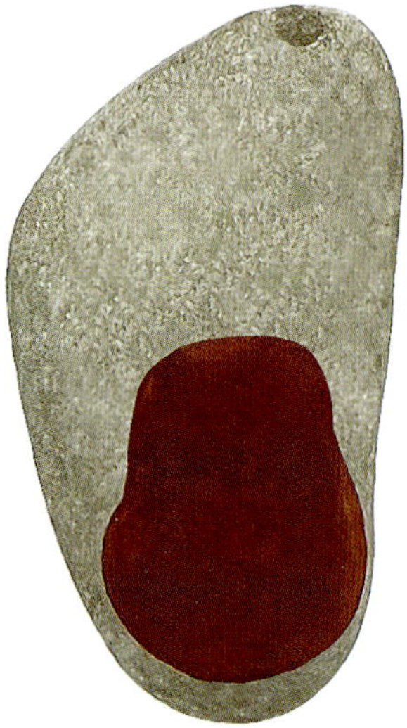

1 Beginne mit einer Birnenform für den Kopf. Dieser Teil sollte nur die untere Hälfte des Steins einnehmen.

2 Oben an den Kopf kommt nun das Geweih. Stelle dir beim Malen vor, dass du einen Baum mit Ästen malst, dann klappt das bestimmt. Es gibt kein richtig oder falsch, denn jedes Hirschgeweih ist einzigartig.
Vergiss die Ohren nicht. Je ein Halbkreis am oberen Teil des Kopfes genügt. Klebe einen roten Pompon als Nase auf.

3 Darunter malst du einen großen Bogen als Mund. Ein kleiner Strich in den Ohren kommt auch noch dazu.

4 Klebe die Wackelaugen auf und füge noch ein paar Details hinzu. Bei mir sind das nur kleine Punkte, aber vielleicht sind dir Sterne, Herzen oder kleine Schneeflocken lieber.

Wenn du dem Rentier noch einen Freund malen möchtest, wie wäre es mit einem Hasen? Diesen hier sieht man von hinten – der Puschelschwanz ist natürlich ein weißer Pompon! Gehe dazu genauso vor wie beim Rentier: erst die Form, dann die Feinarbeit. Ich habe meinen Hasen schwarz umrandet und ihn auf eine Blumenwiese gesetzt.

Ich hoffe, du hattest Spaß mit deinem Set und hast noch viele neue Einfälle für weitere Steine. Zum Abschluss zeige ich dir noch einen Fuchs – ich wette, dass du diesen jetzt schon ganz ohne Anleitung nachmachen kannst!

TIPP

Wie bei allen anderen Steinen kannst du dein Motiv erst auf Papier oder direkt auf dem Stein vorzeichnen.

Weitere Ideen:

Buchempfehlungen für Dich

Noch mehr Kreativ-Bücher zum gleichen Thema gesucht?

ISBN 978-3-7358-9059-7

ISBN 978-3-7358-9060-3

ISBN 978-3-7358-9052-8

ISBN 978-3-7358-9051-1

ISBN 978-3-7358-9061-0

ISBN 978-3-7358-9069-6

... weitere Steine-Empfehlungen

ISBN 978-3-7724-4470-8

ISBN 978-3-7724-6870-4

ISBN 978-3-7358-9157-0

ISBN 978-3-7724-4777-8

Ludmila Blum sitzt als Mutter von drei Kindern häufig mit Stift und Papier zwischen Bergen von Kinderspielzeug – sie kann einfach nicht von ihrer kreativen Ader lassen. Mit ihrem Blog *Bunte Galerie* möchte sie nicht nur inspirieren, sondern auch zum Mitmachen motivieren. Sie beschäftigt sich dort mit den vielfältigen Aspekten des Letterns und zeigt anhand zahlreicher Tutorials und Anleitungs-Videos, wie originelle Handlettering-Unikate entstehen.

SERVICE-HOTLINE

Hast du Fragen oder gibt es ein Problem? Wir helfen dir gern. Ruf uns an oder schreib uns eine E-Mail:

Telefon: **0711 / 123 757 20***

*normale Telefongebühren

E-Mail: hilfe@frechverlag.de

Weitere Informationen zum Verlag und zu unserem gesamten Programm findest du unter: www.topp-kreativ.de

IMPRESSUM

FOTOS: frechverlag GmbH, 70839 Gerlingen; lichtpunkt, Michael Ruder, Stuttgart

MODELLE und SCHRITTFOTOS: Ludmila Blum

PRODUKTMANAGEMENT und LEKTORAT: Galina Mosebach

COVERGESTALTUNG: Lena Schmitt

HERSTELLUNG: Jessica Siebert

SATZ: Fotosatz H. Buck

FSC www.fsc.org MIX Paper from responsible sources FSC® C147812

Penguin Random House Verlagsgruppe FSC® N001967

1. Auflage 2024

ISBN 978-3-7358-9191-4 • BEST.-NR. 29191